C
D
B
A
E

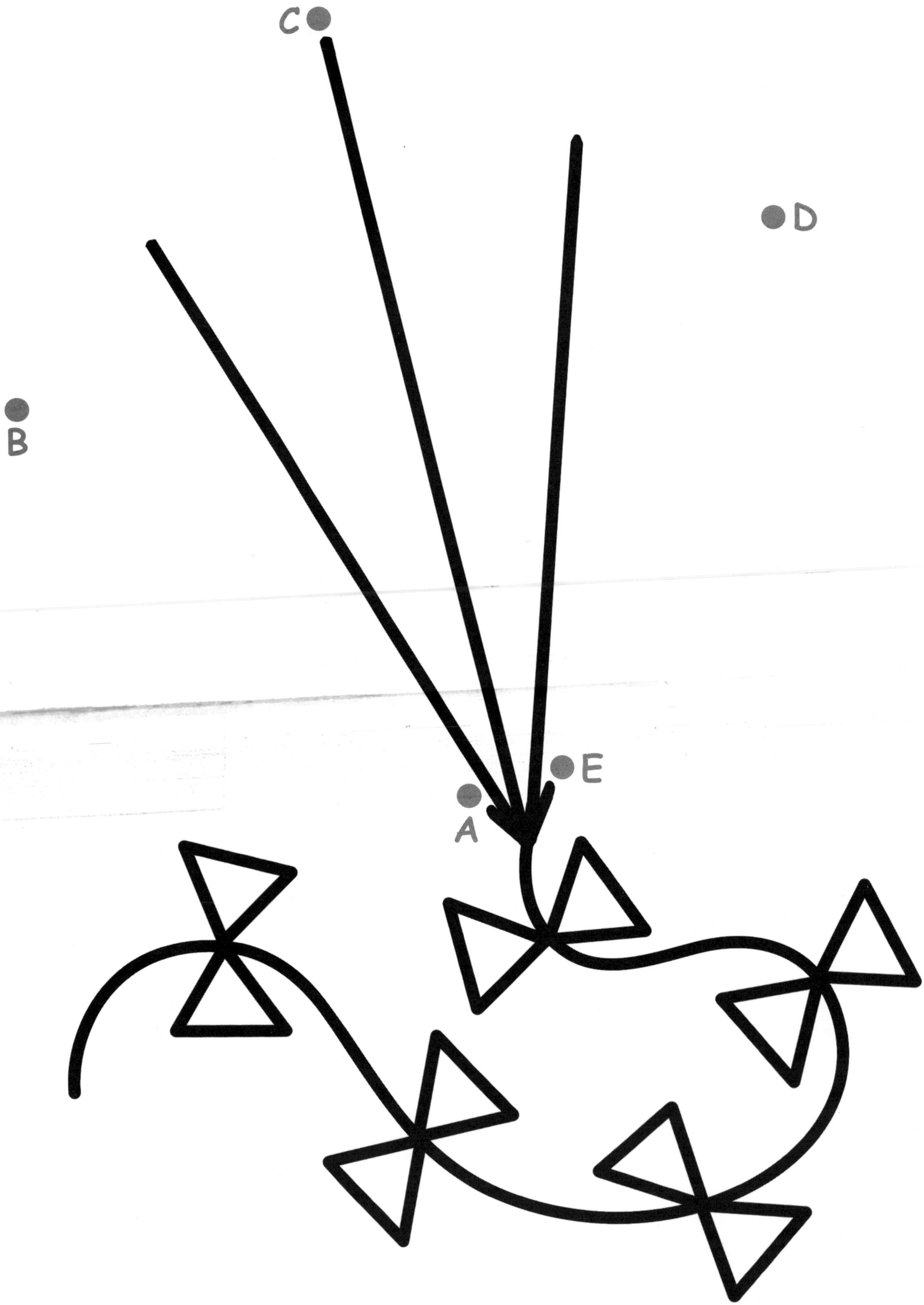
C
D
B
E
A

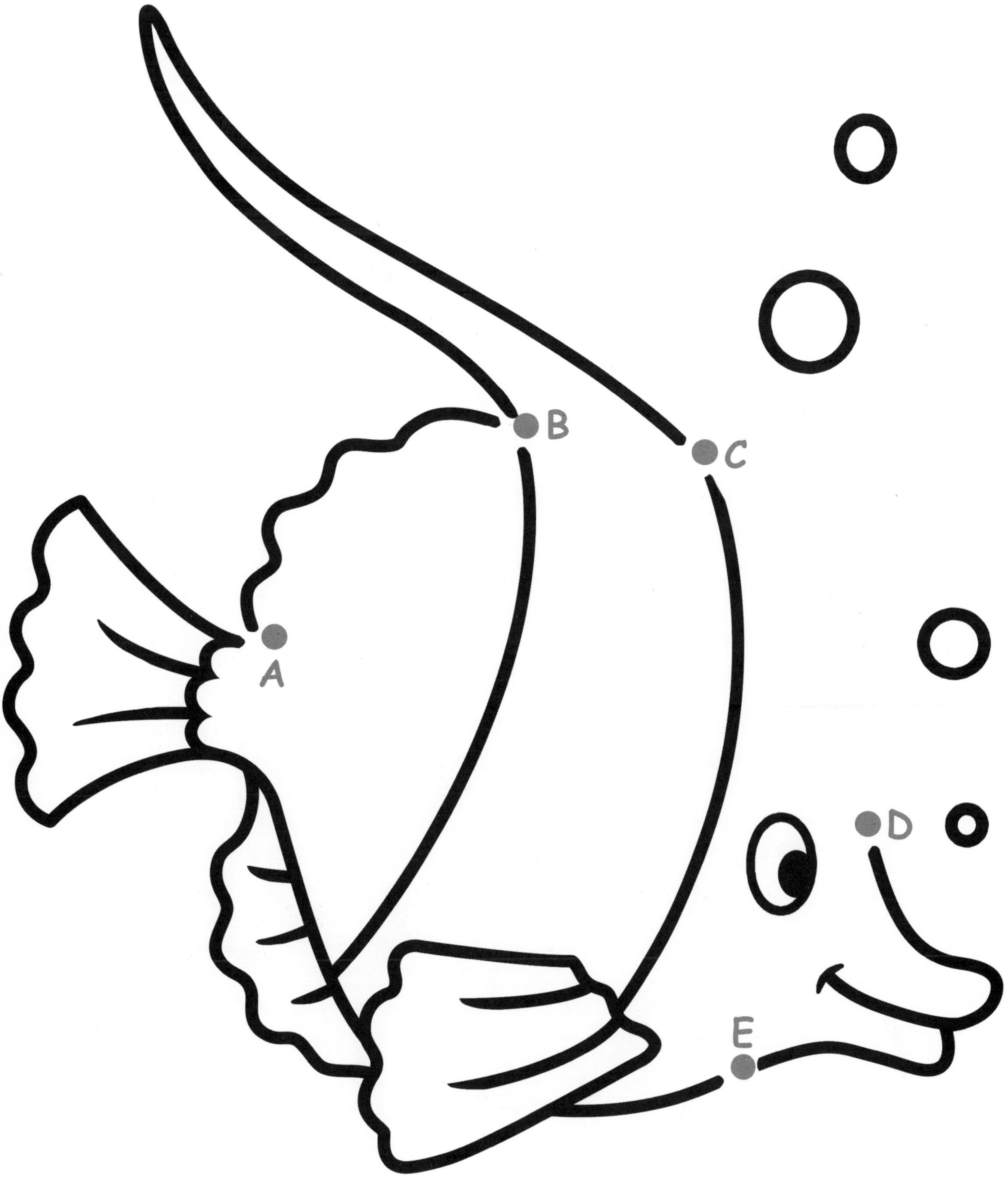
A
B
C
D
E

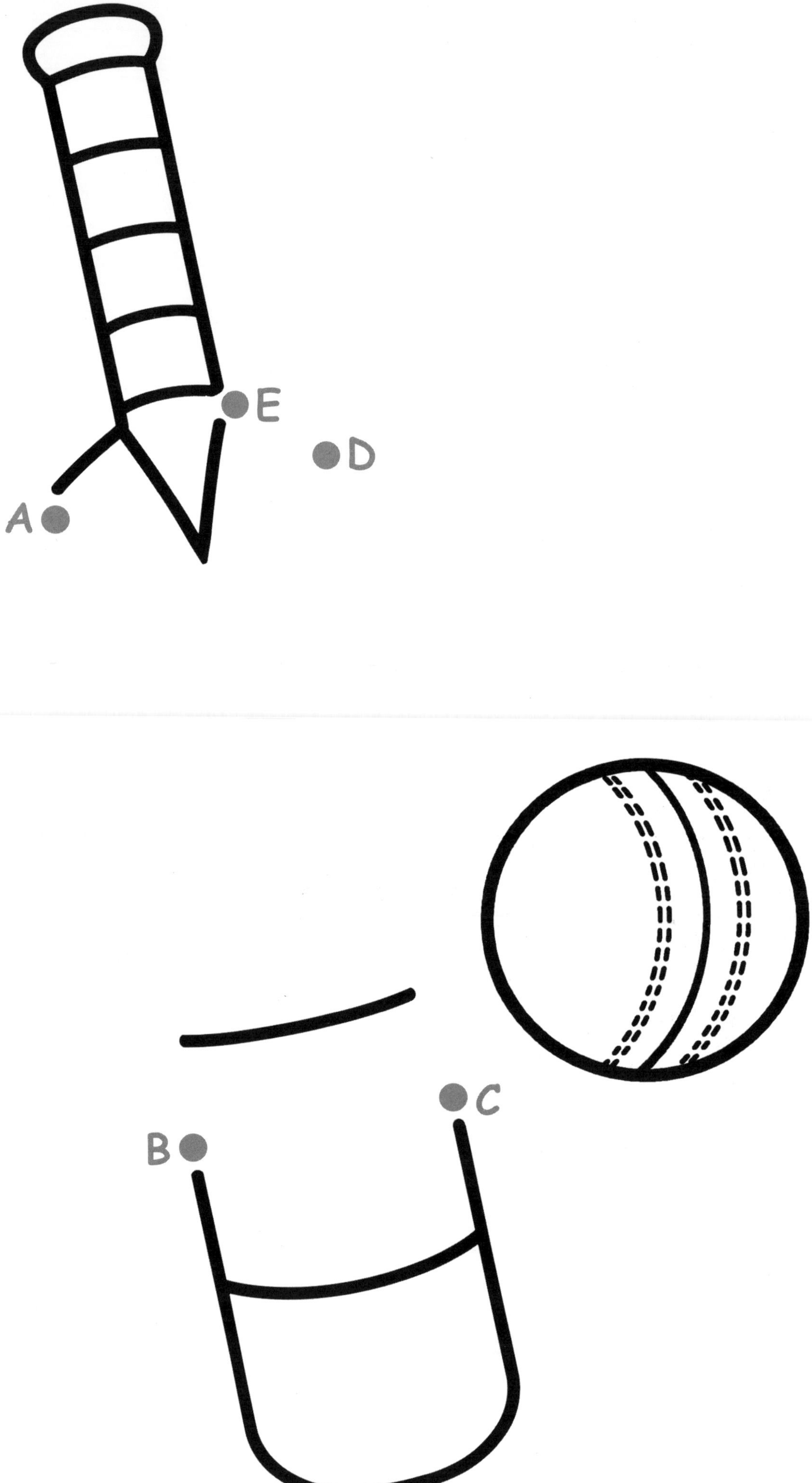
E
D
A
C
B

A
F
B
E
C
D

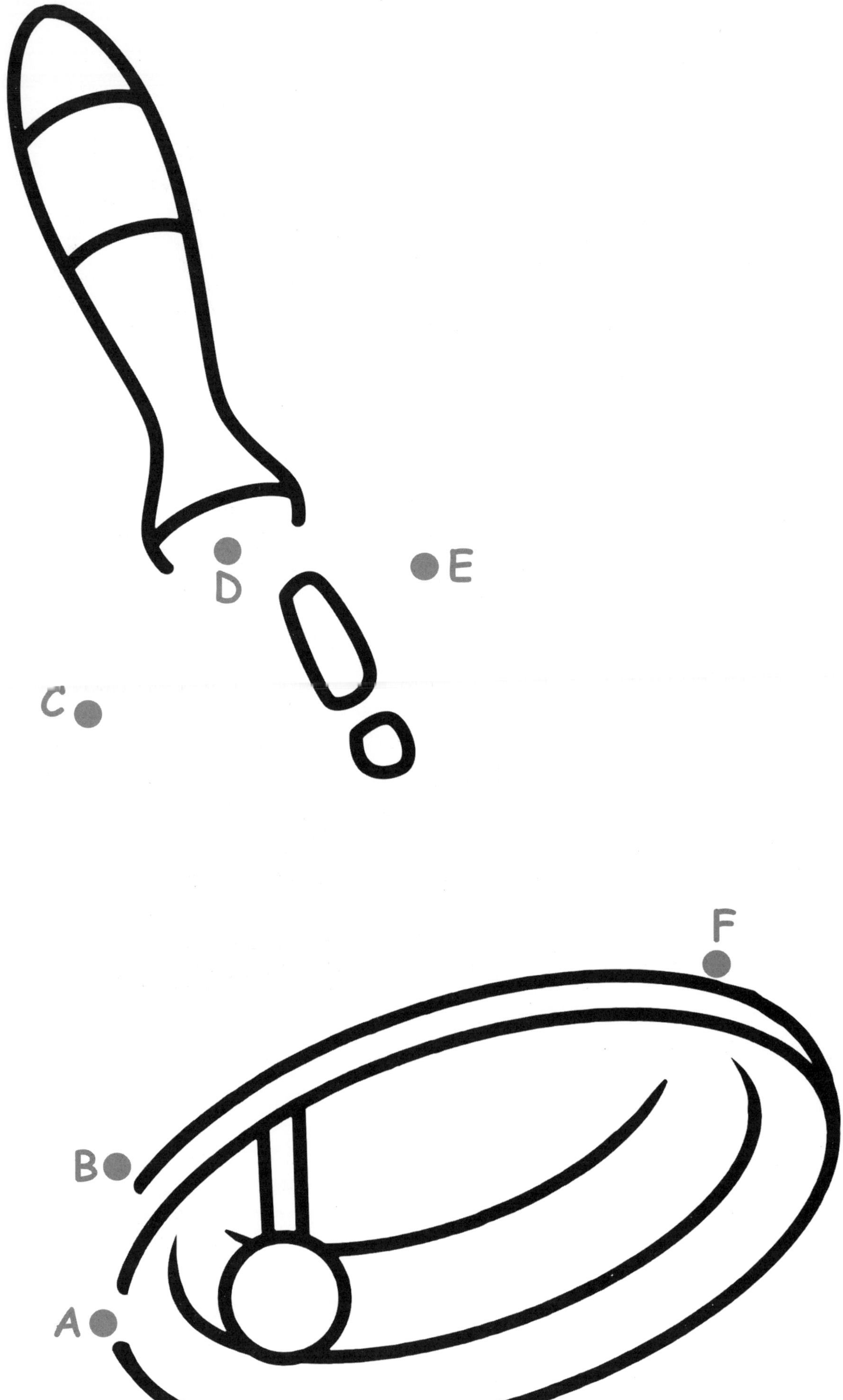
D
E
C
F
B
A

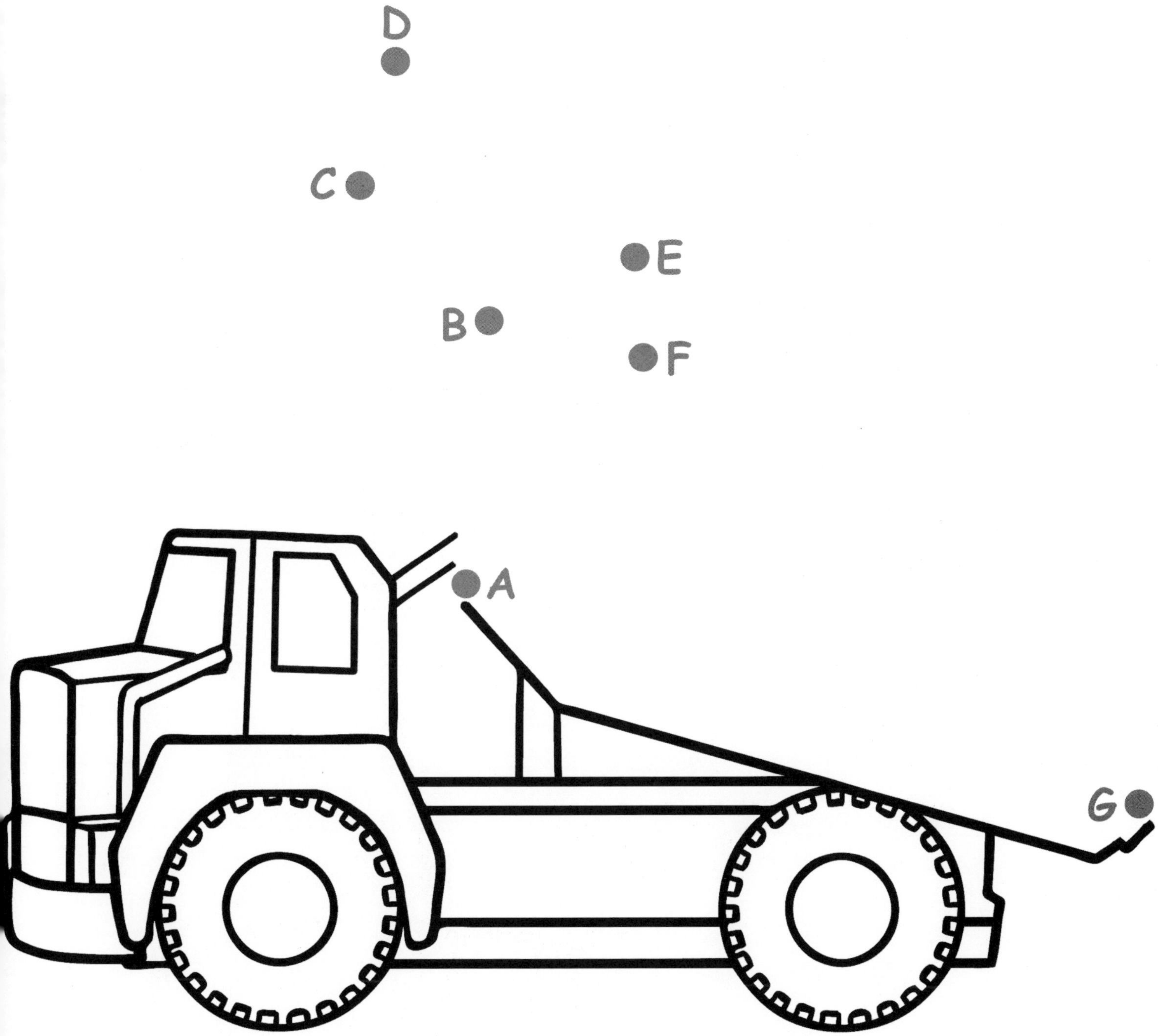
D
C
E
B
F
A
G

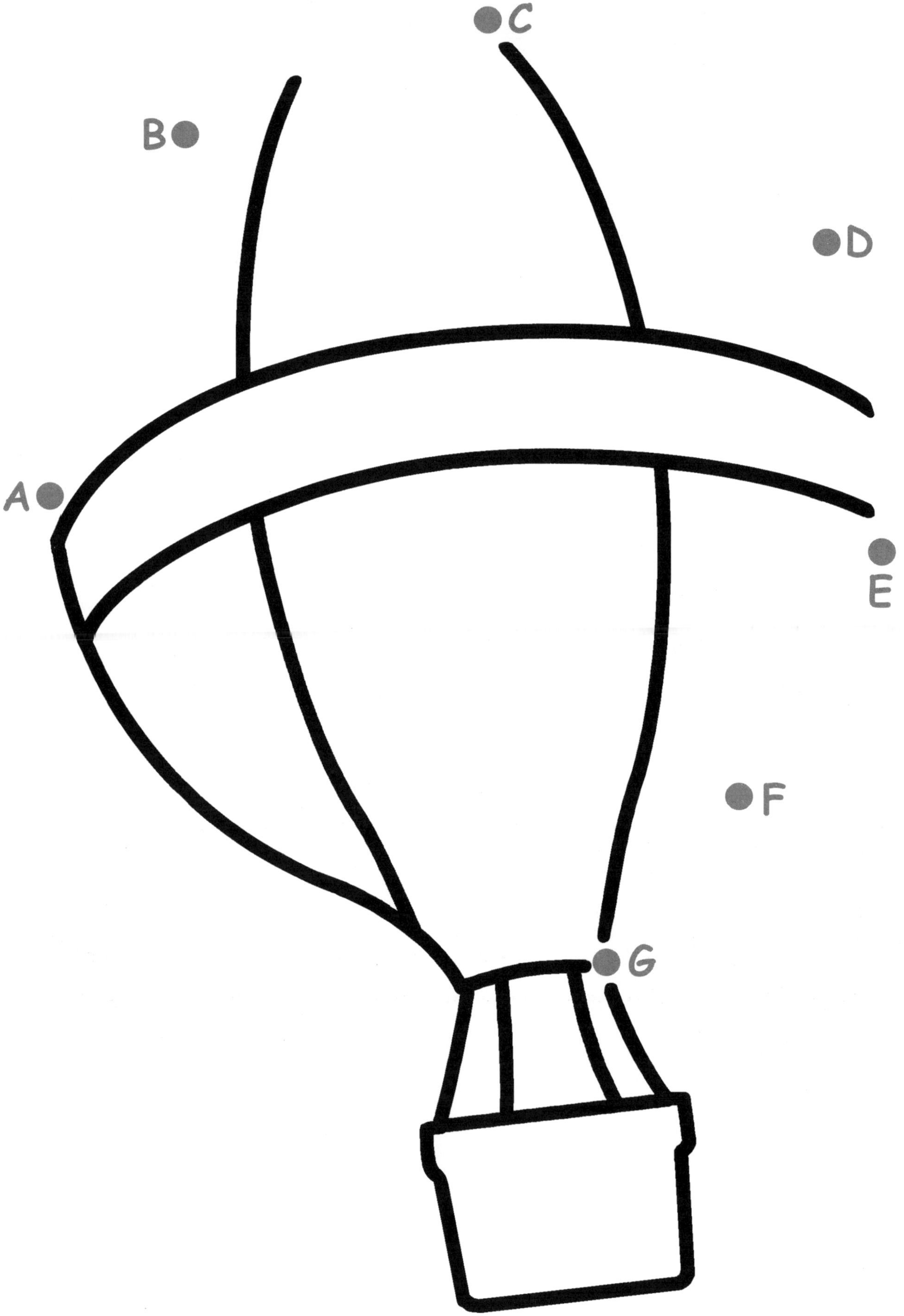
A
B
C
D
E
F
G

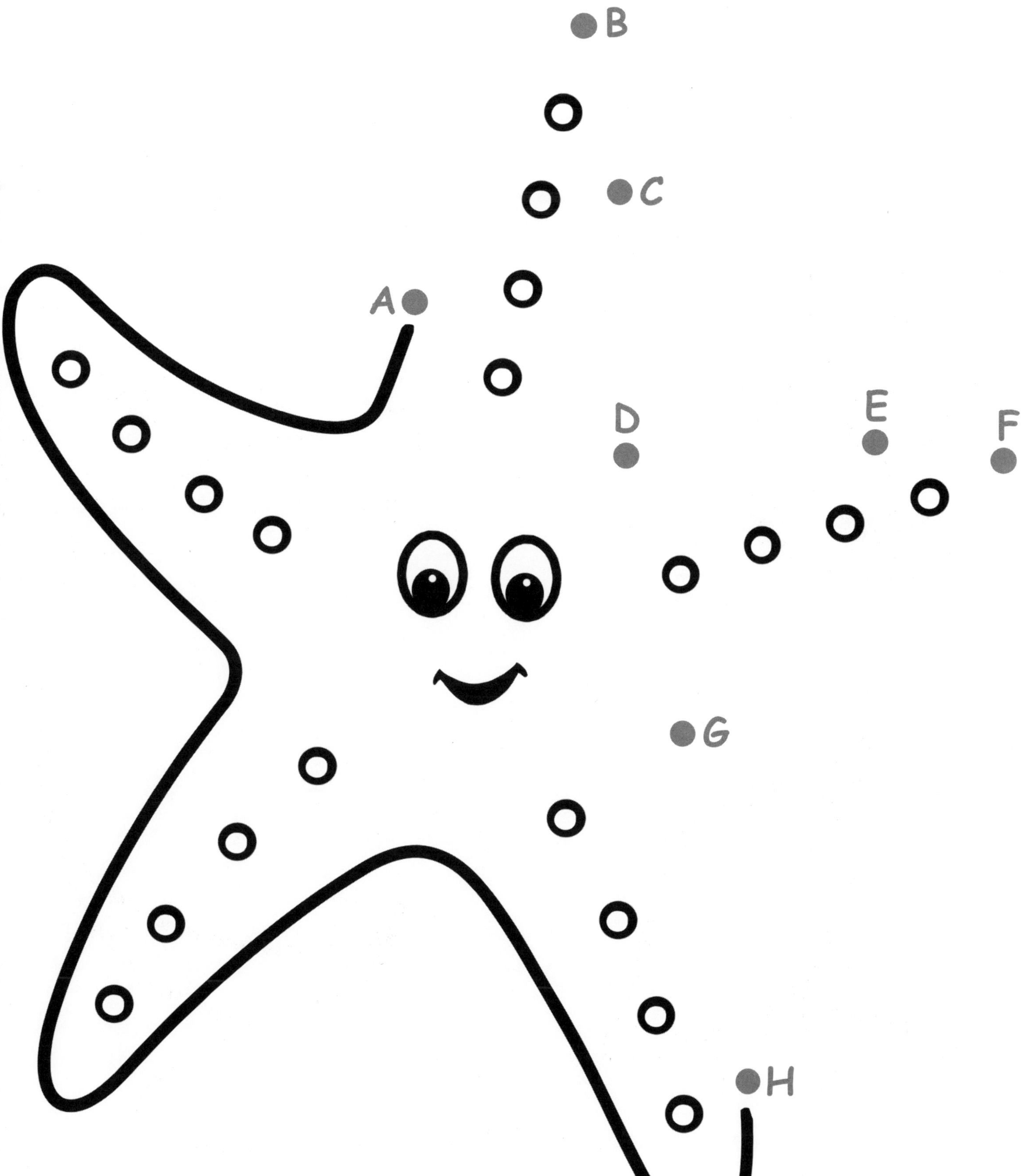
B
C
A
D
E
F
G
H

A
B
C
D
E
F
G
H

A
B
C
D
E
F
G
H
I

F
G
E
H
D
I
C
B
A

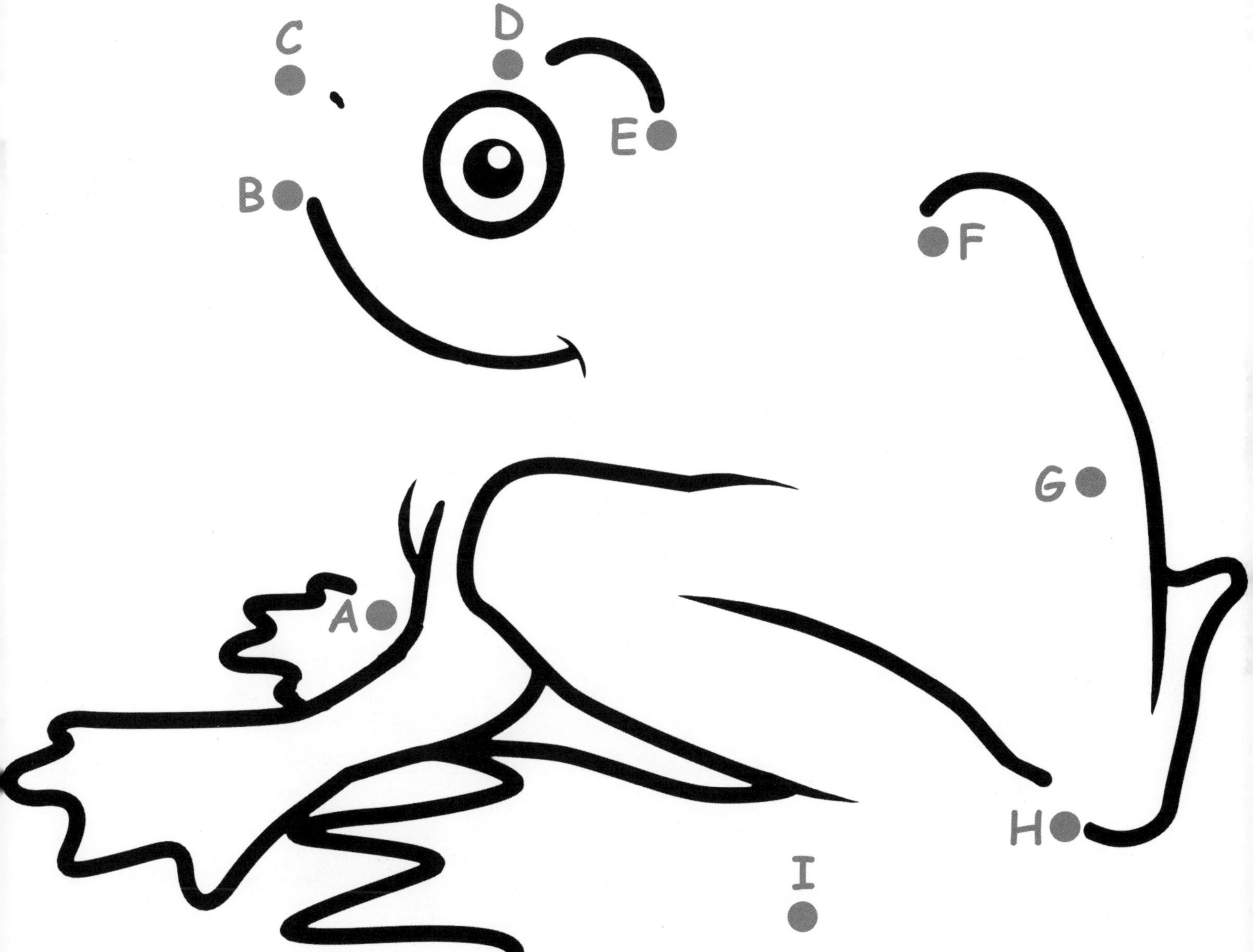
A
B
C
D
E
F
G
H
I
J

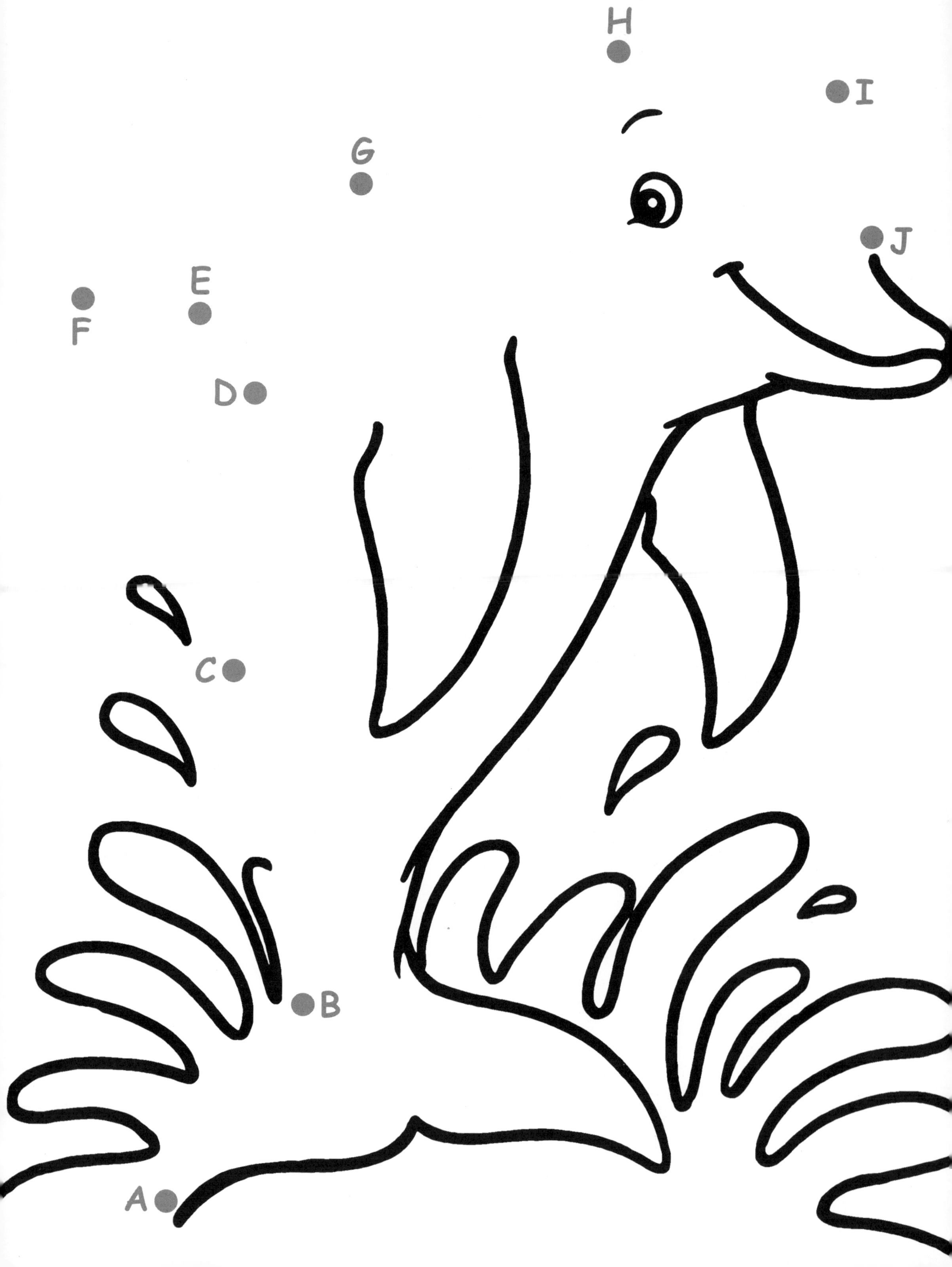
A
B
C
D
E
F
G
H
I
J

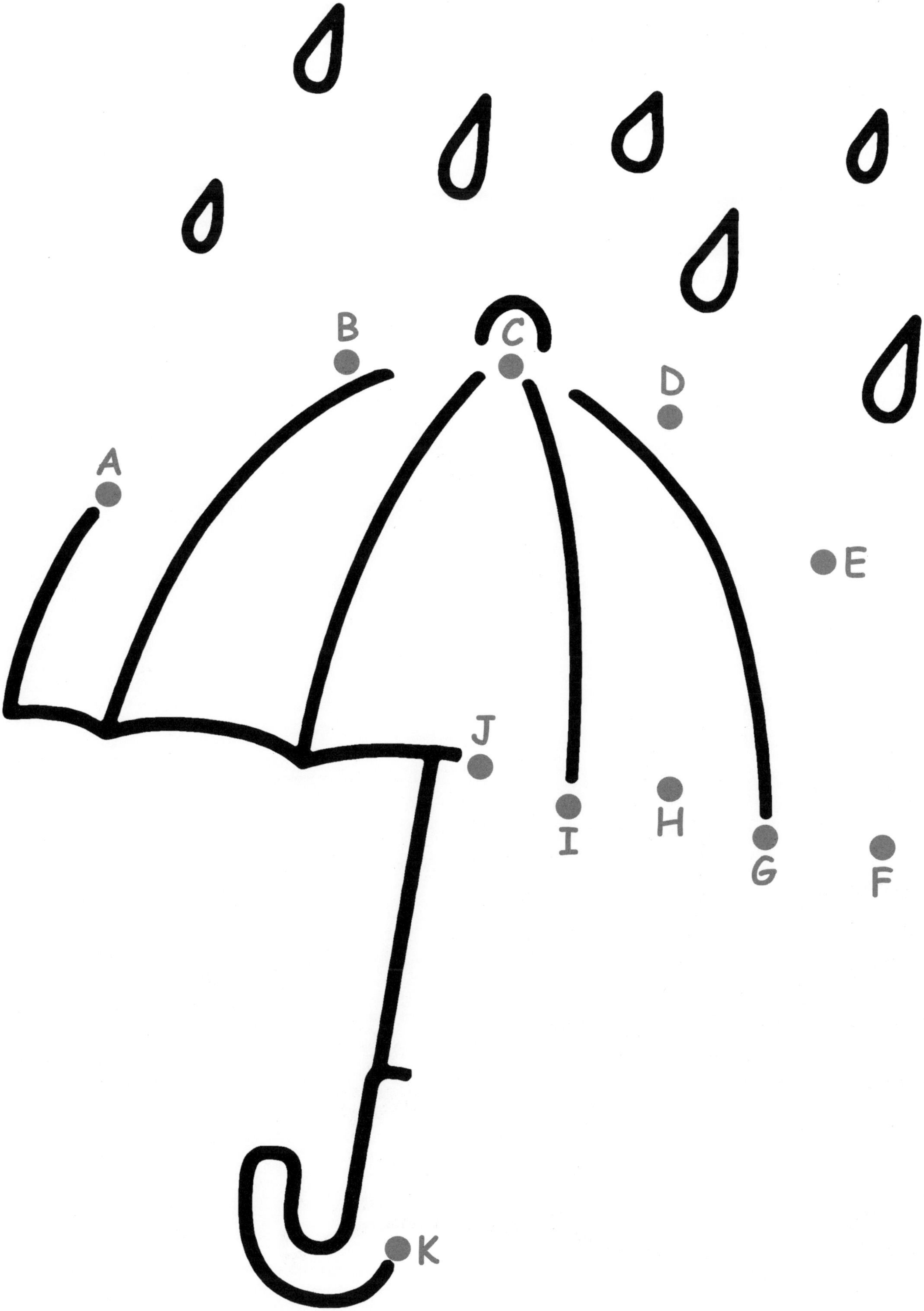

A
B
C
D
E
F
G
H
I
J
K

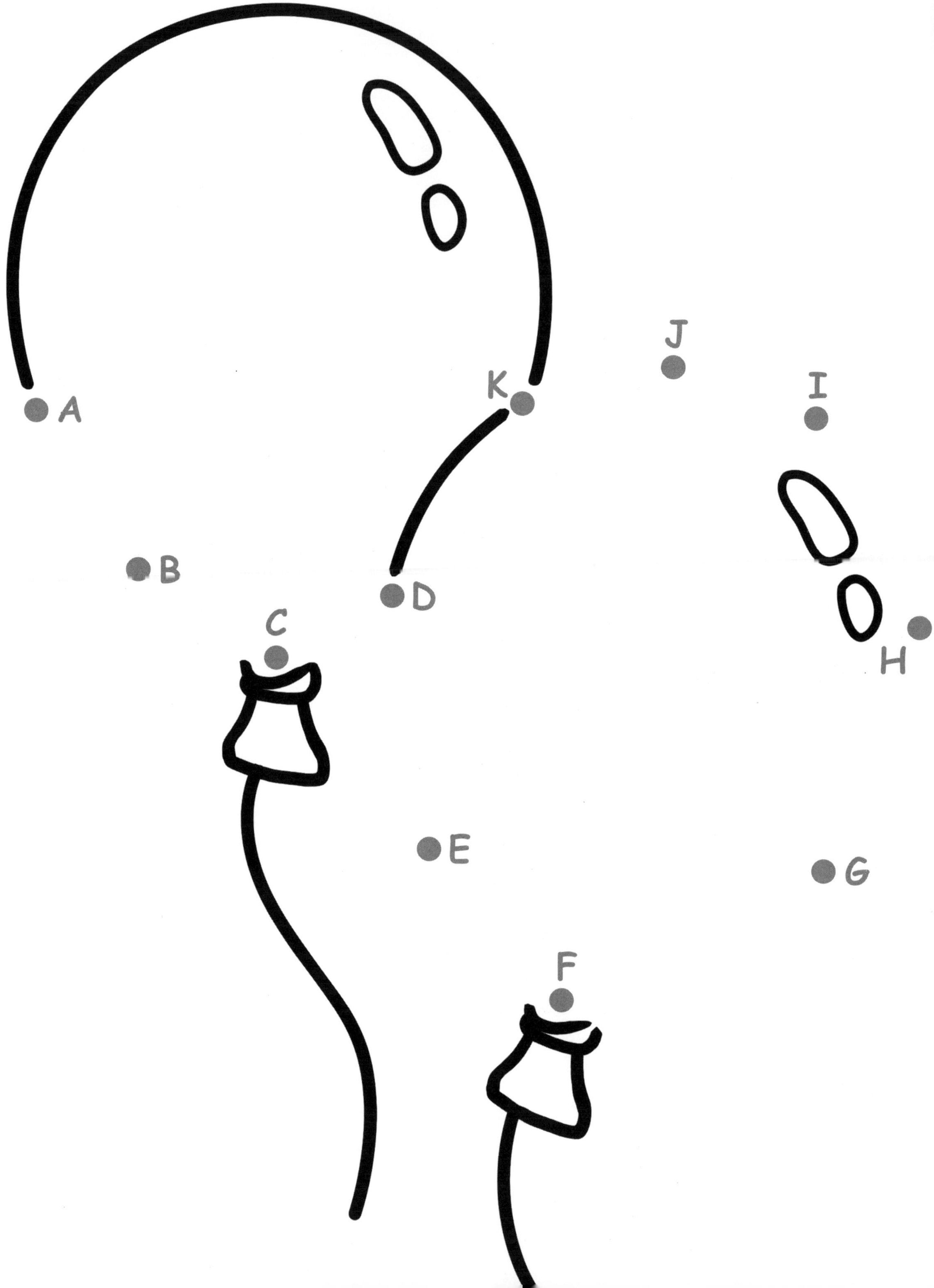

A
B
C
D
E
F
G
H
I
J
K

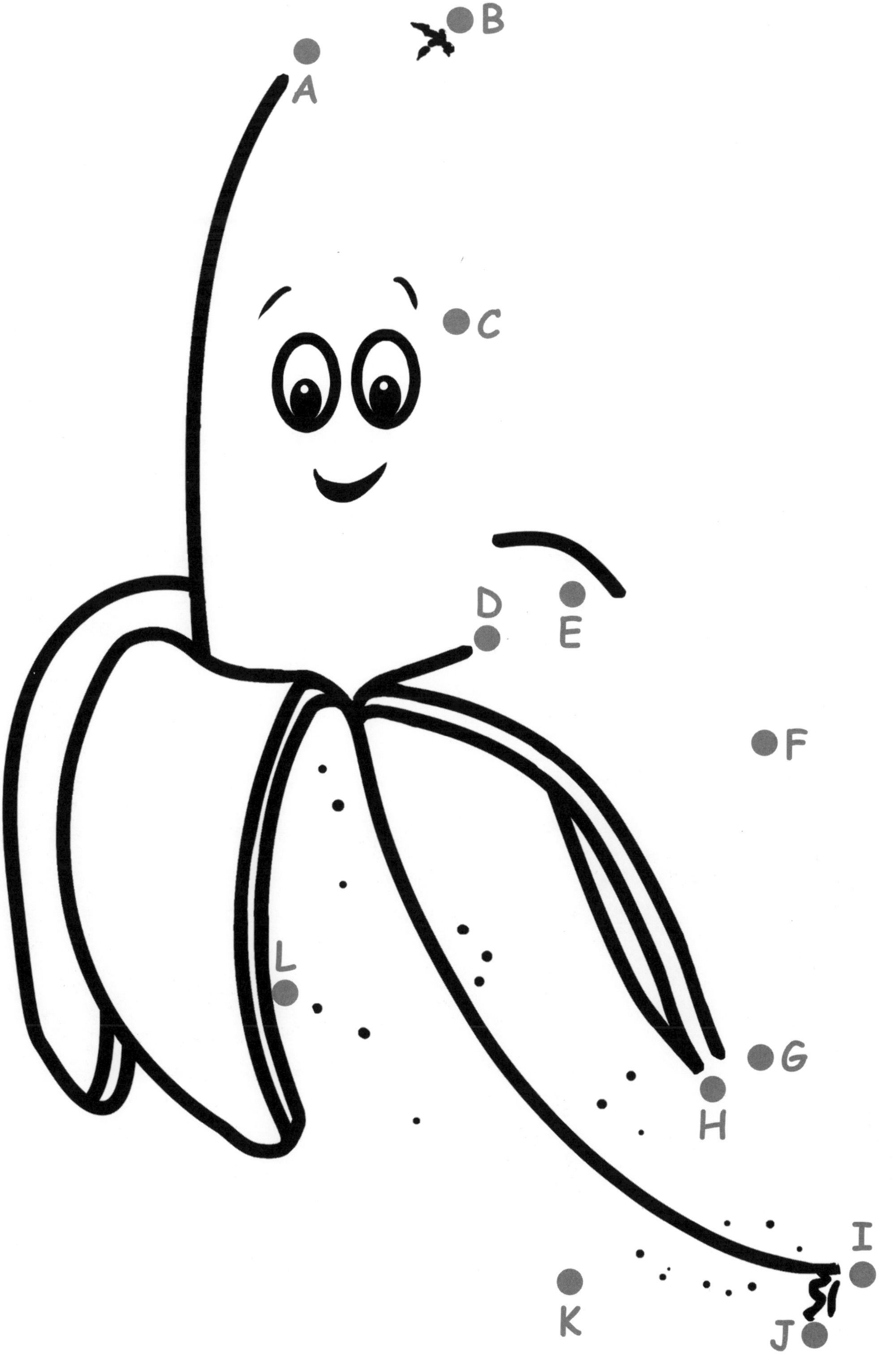
B
A
C
D
E
F
L
G
H
I
K
J

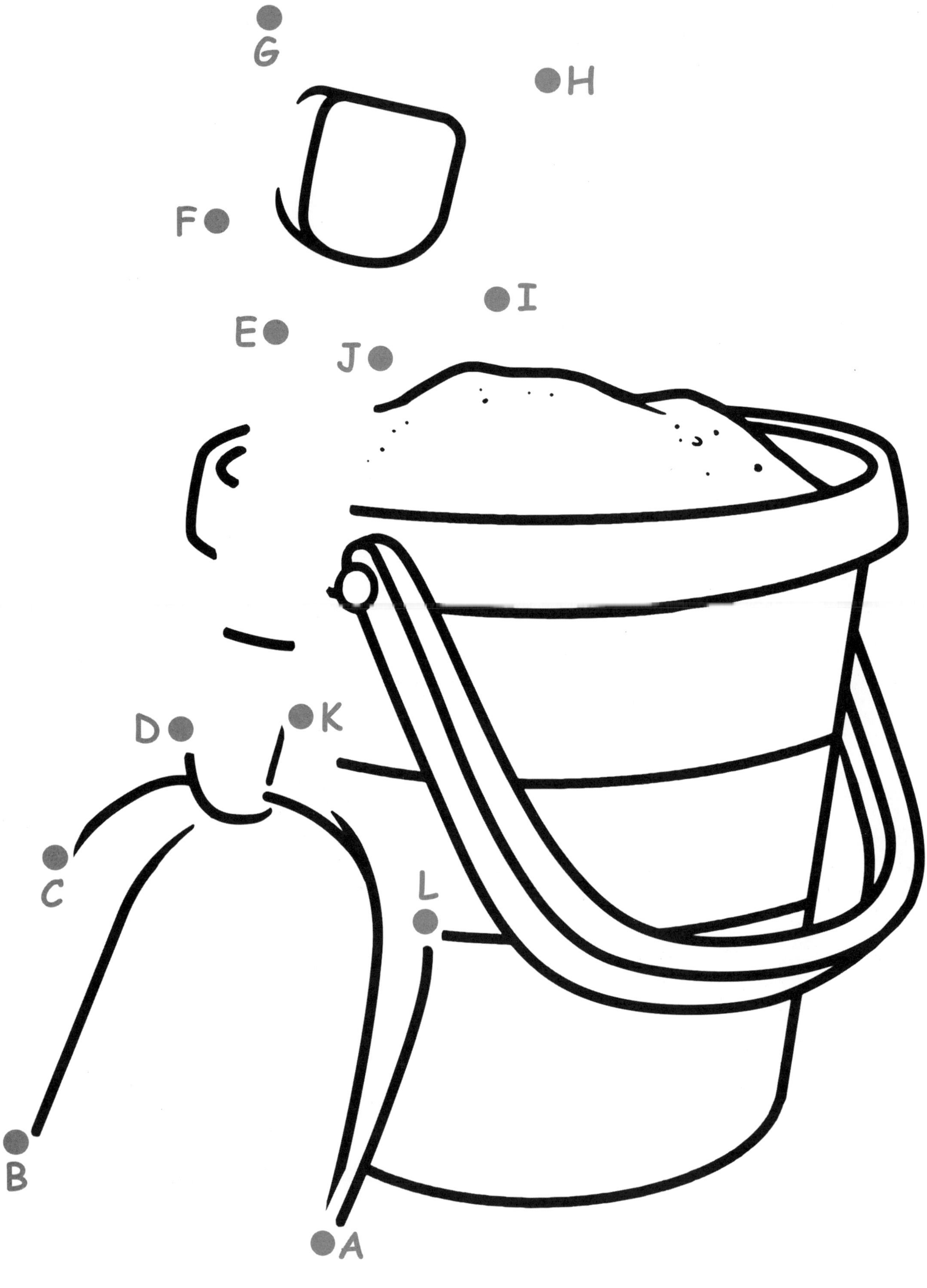
G
H
F
I
E
J
D
K
C
L
B
A

A
B
C
D
E
F
G
H
I
J
K
L

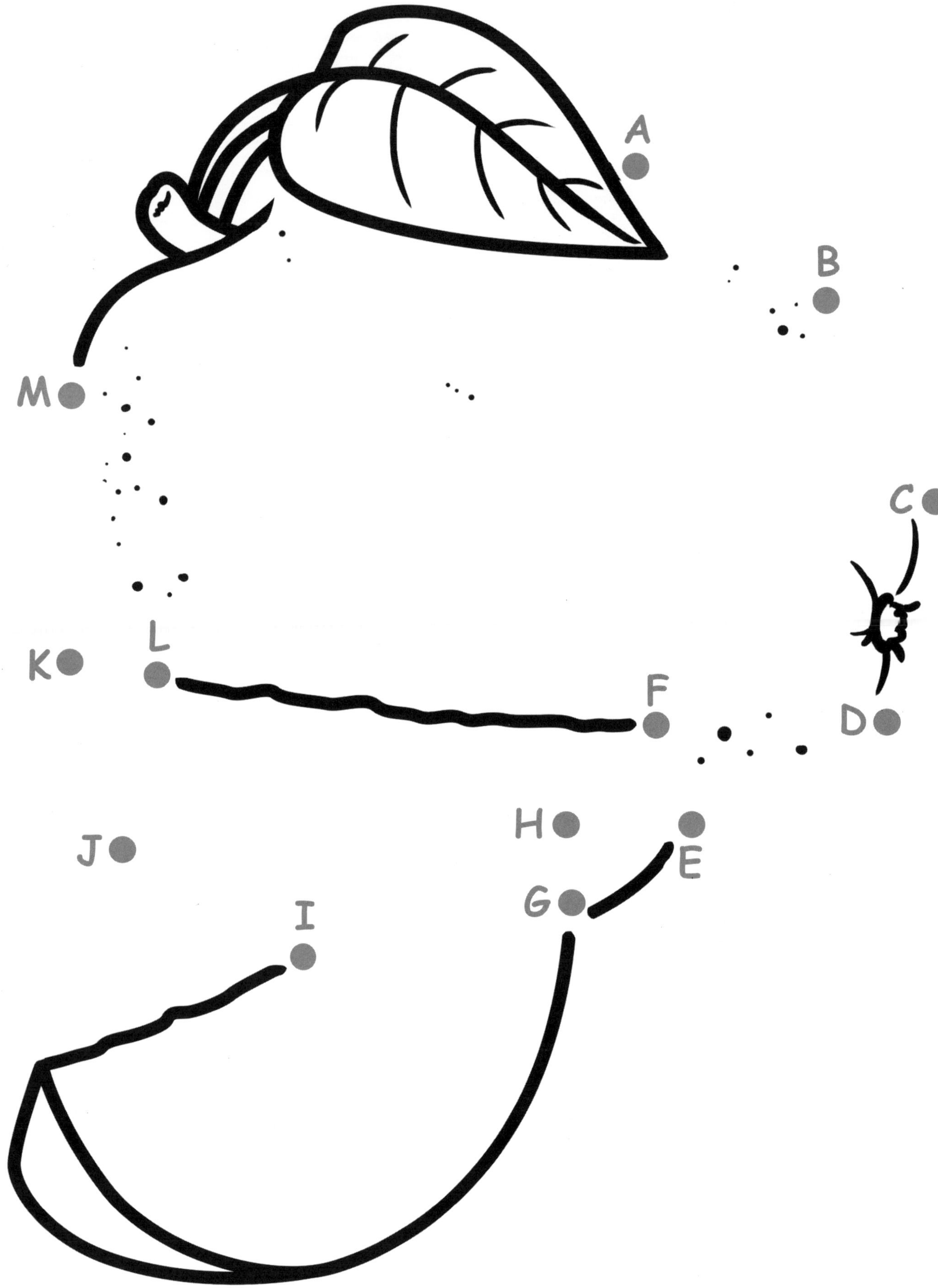
A
B
C
D
E
F
G
H
I
J
K
L
M

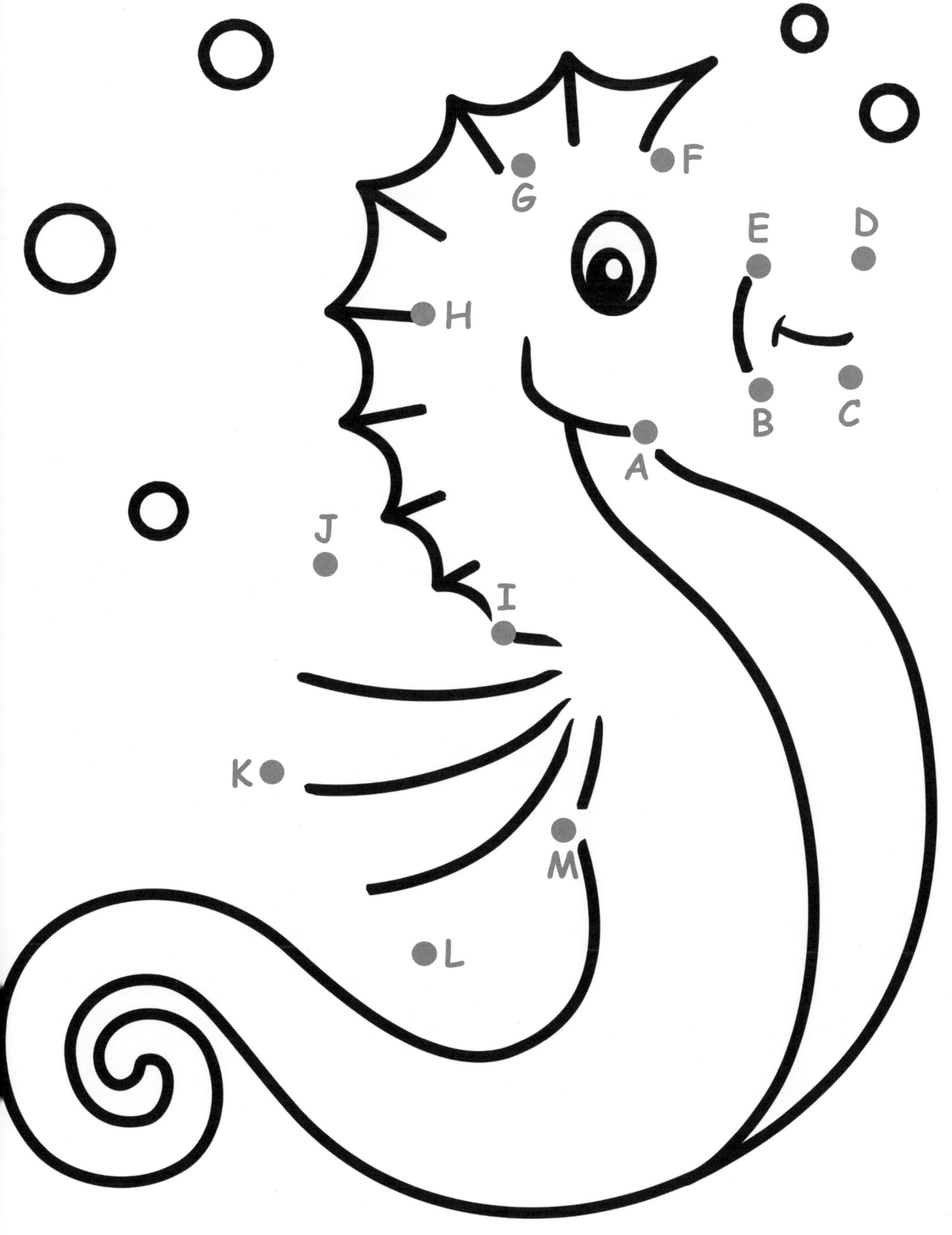
A
B
C
D
E
F
G
H
I
J
K
L
M

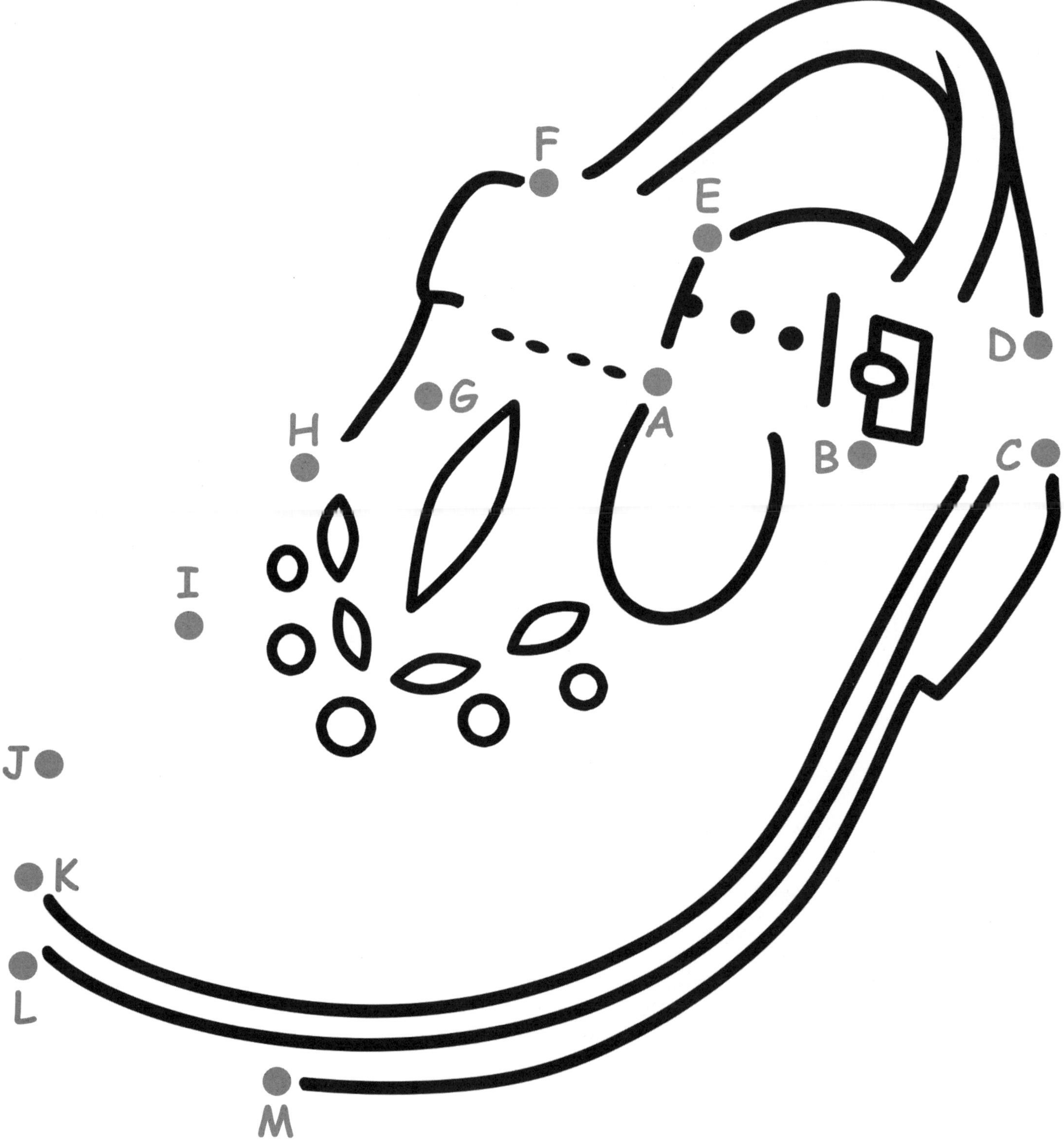

A
B
C
D
E
F
G
H
I
J
K
L
M

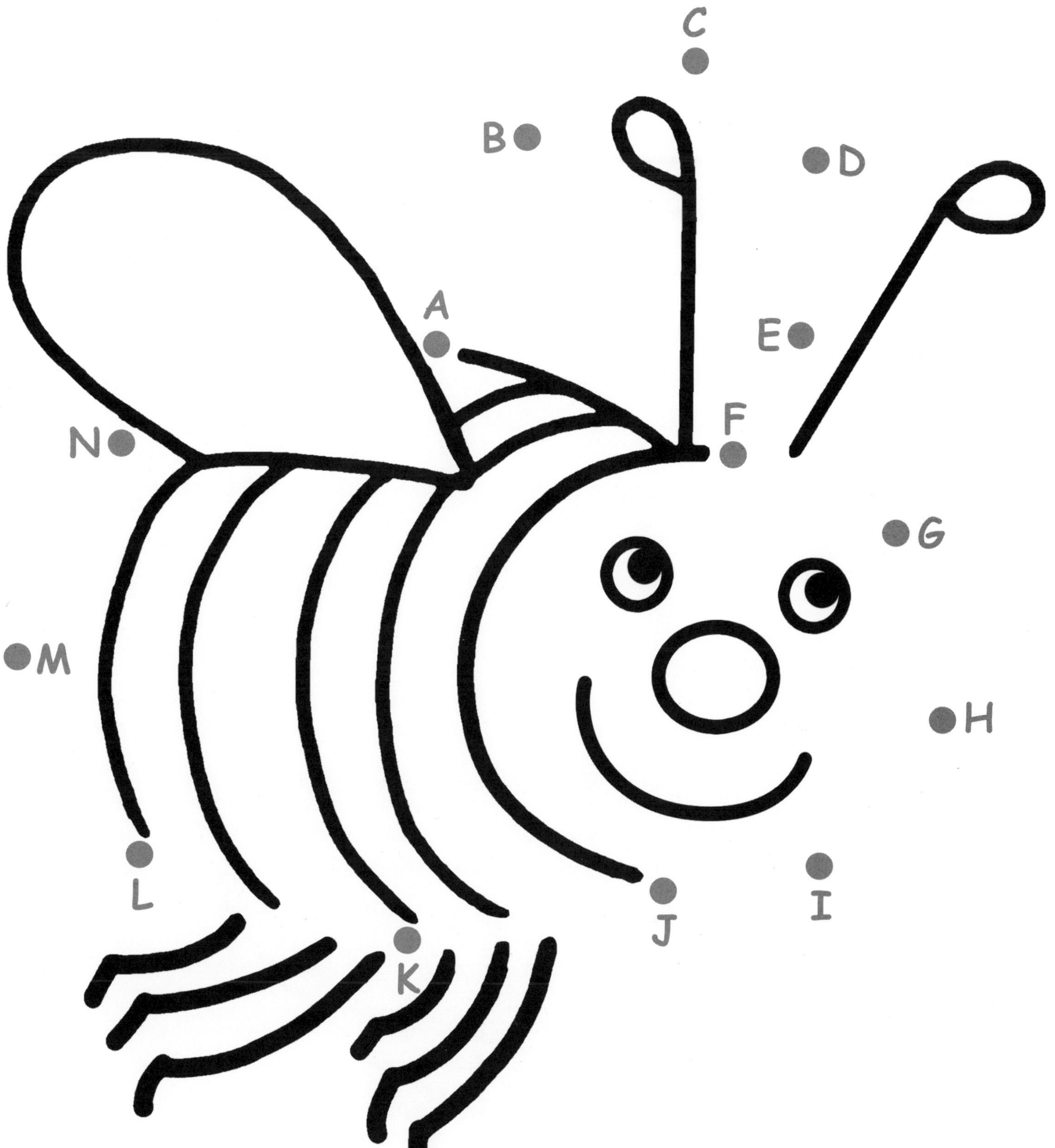
C
B
D
A
E
F
N
G
M
H
L
I
J
K

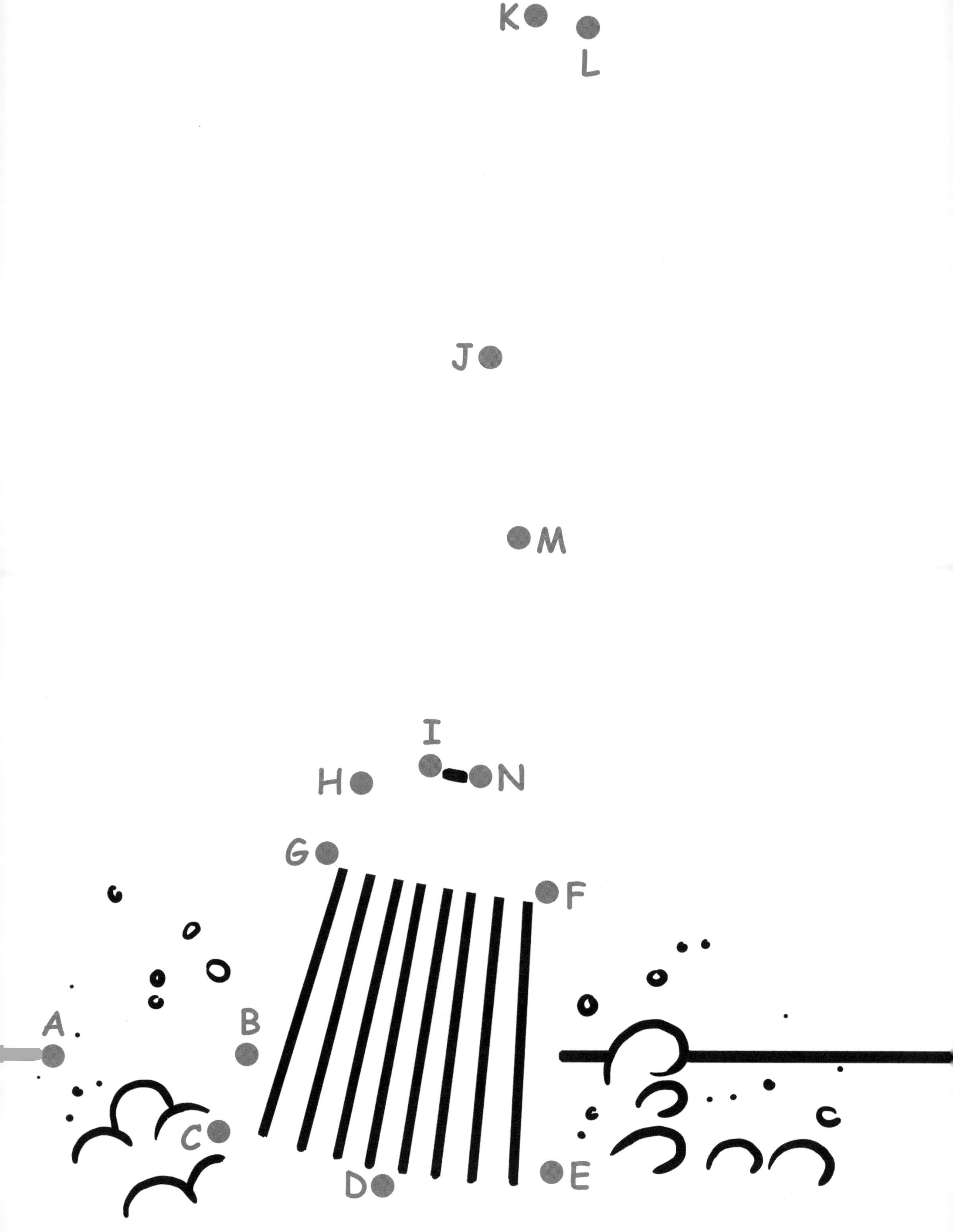

A
B
C
D
E
F
G
H
I
J
K
L
M
N

N
M
L
A
D
K
E
H
I
J
B
C
F
G

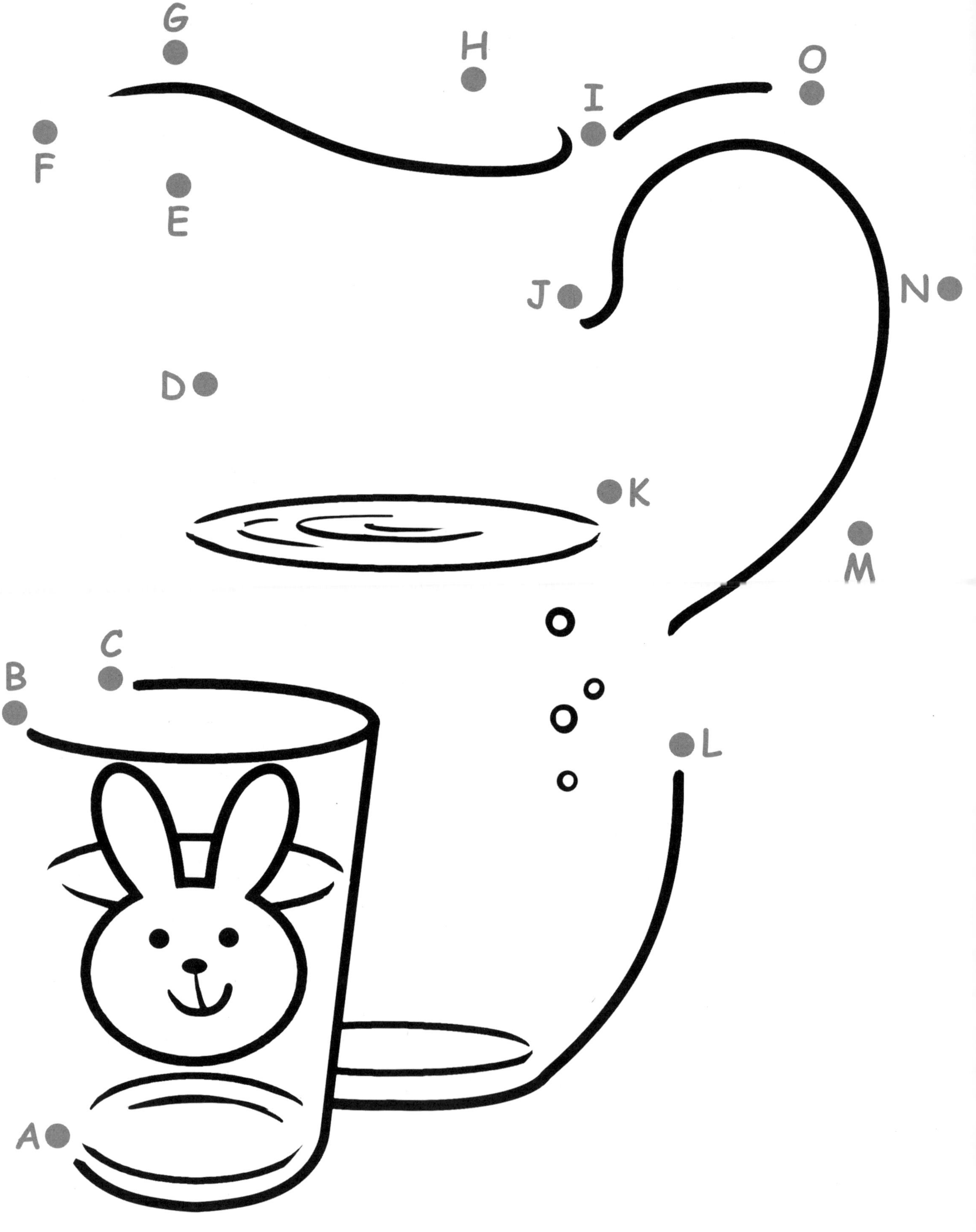
G
H
O
I
F
E
J
N
D
K
M
C
B
L
A

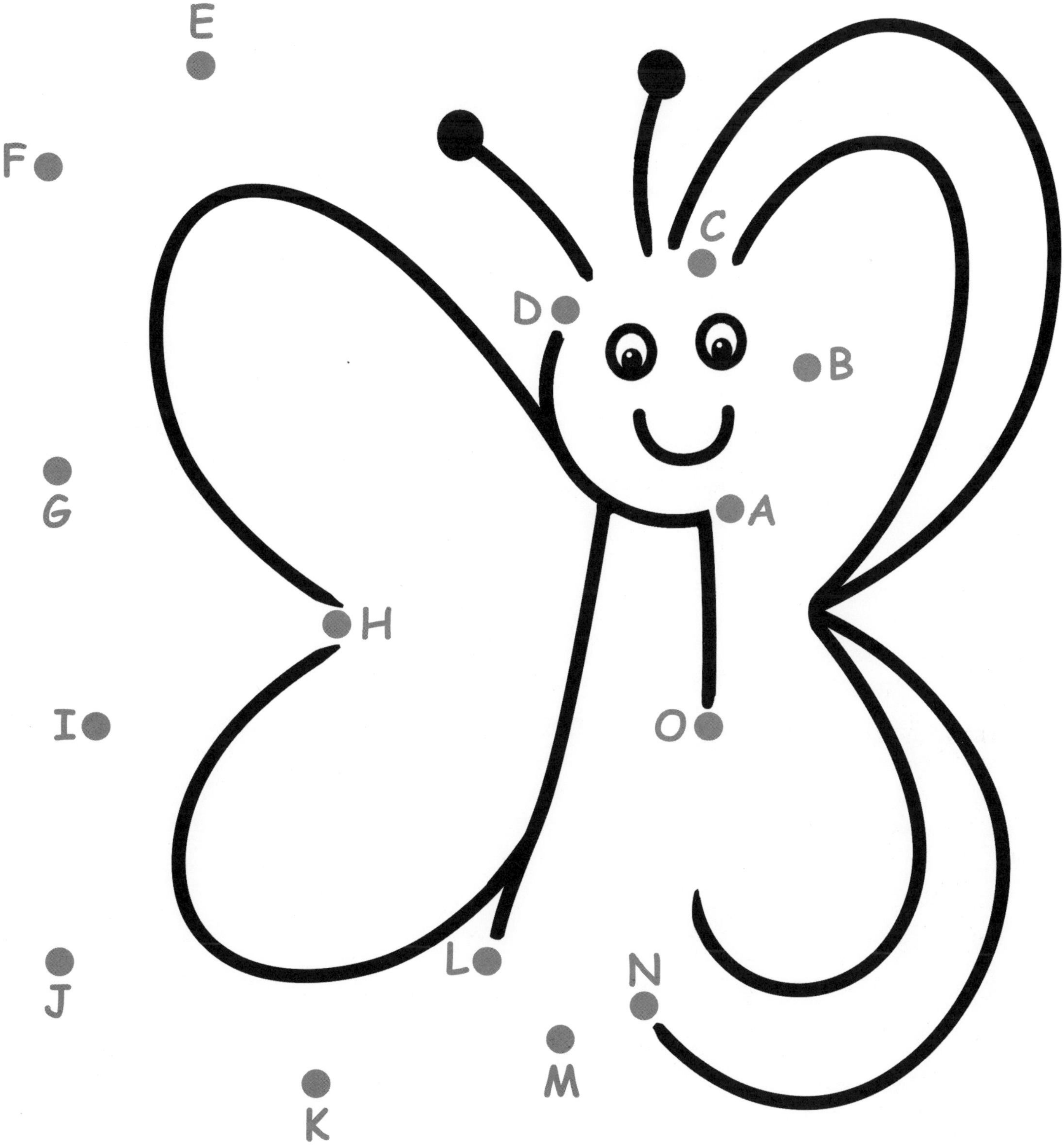

E
F
C
D
B
G
A
H
I
O
J
L
N
M
K

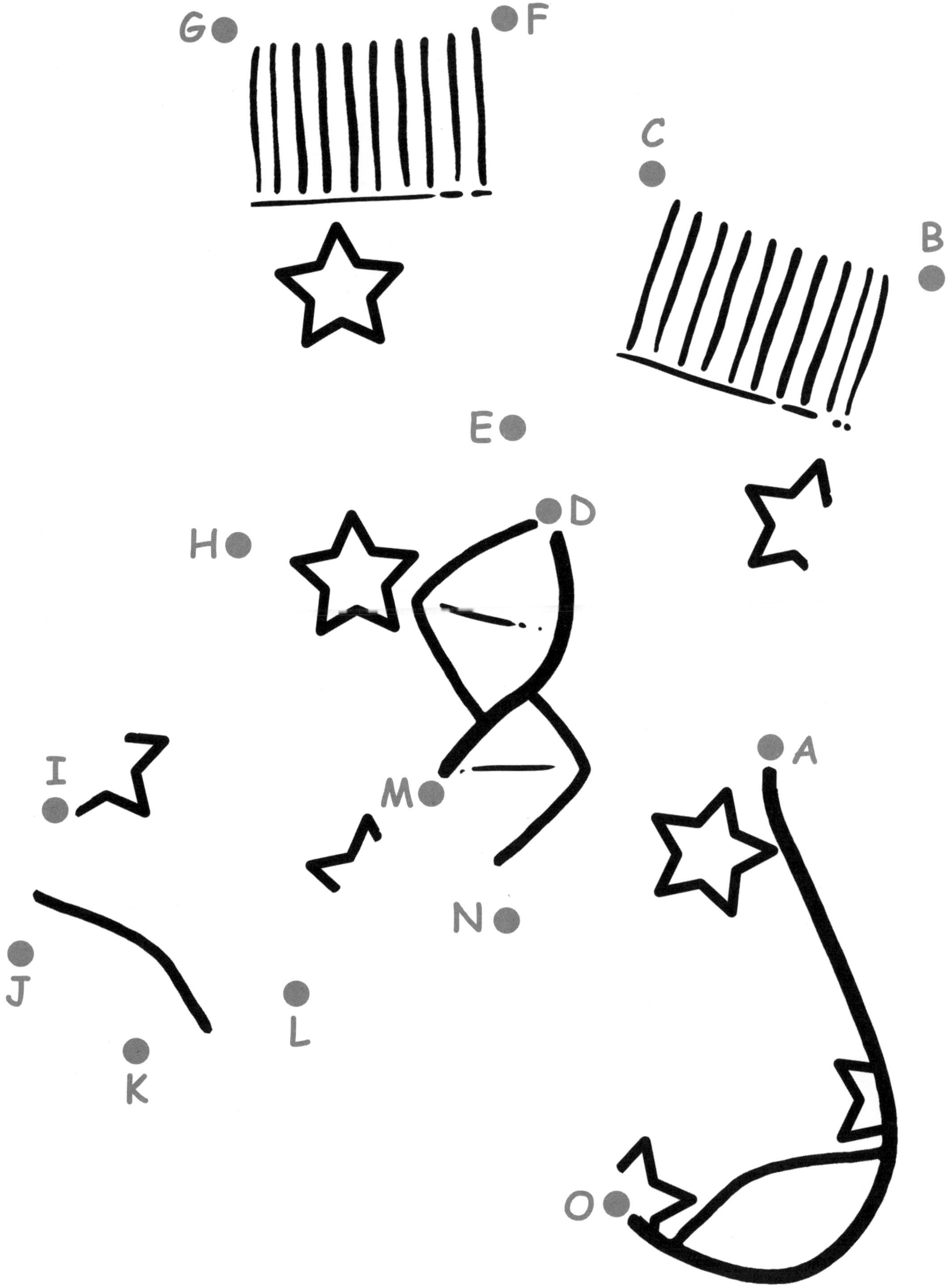
A
B
C
D
E
F
G
H
I
J
K
L
M
N
O

N
M
O
L
J
P
K
I
G
H
F
B
E
A
C
D

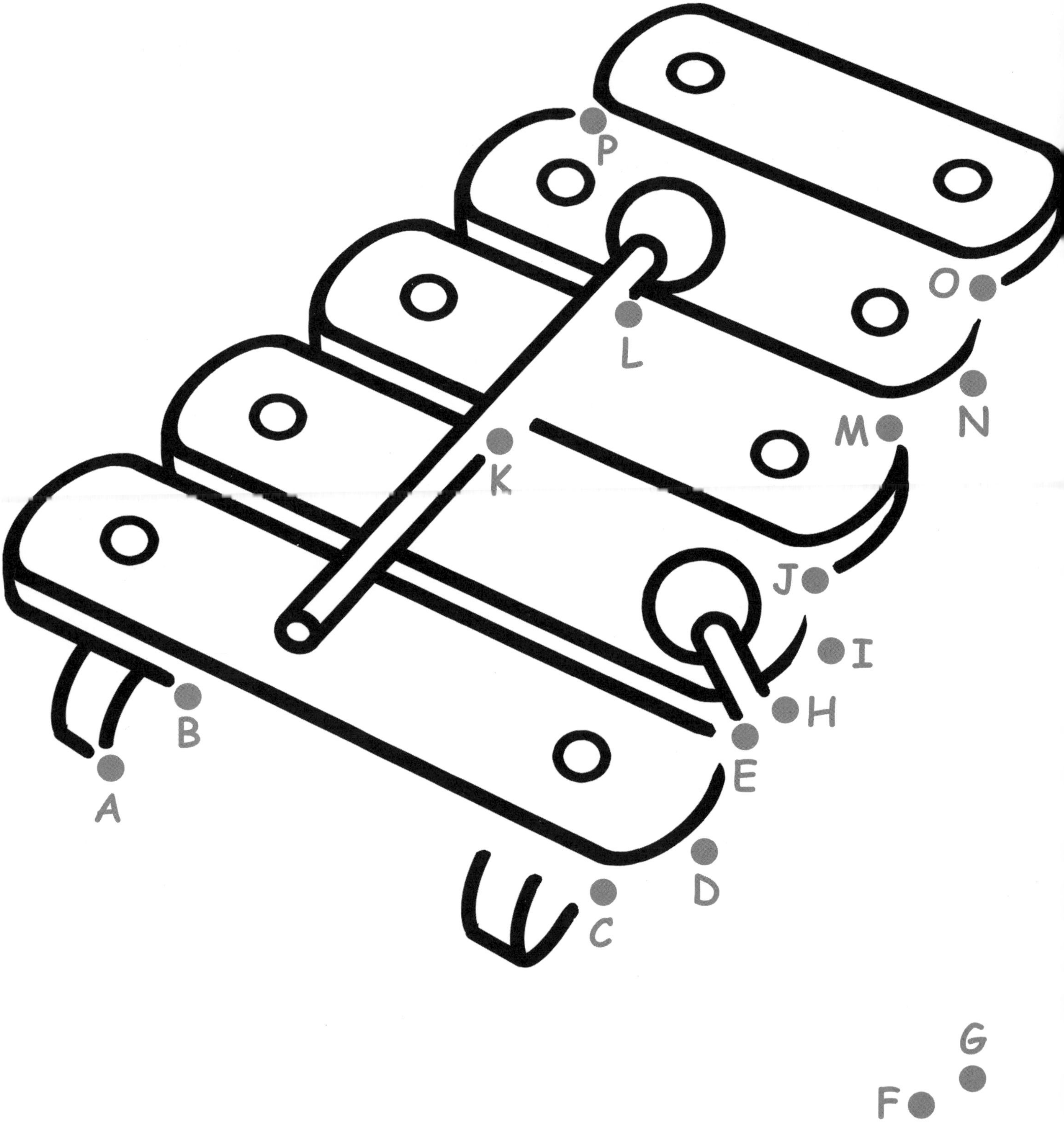

A
B
C
D
E
F
G
H
I
J
K
L
M
N
O
P

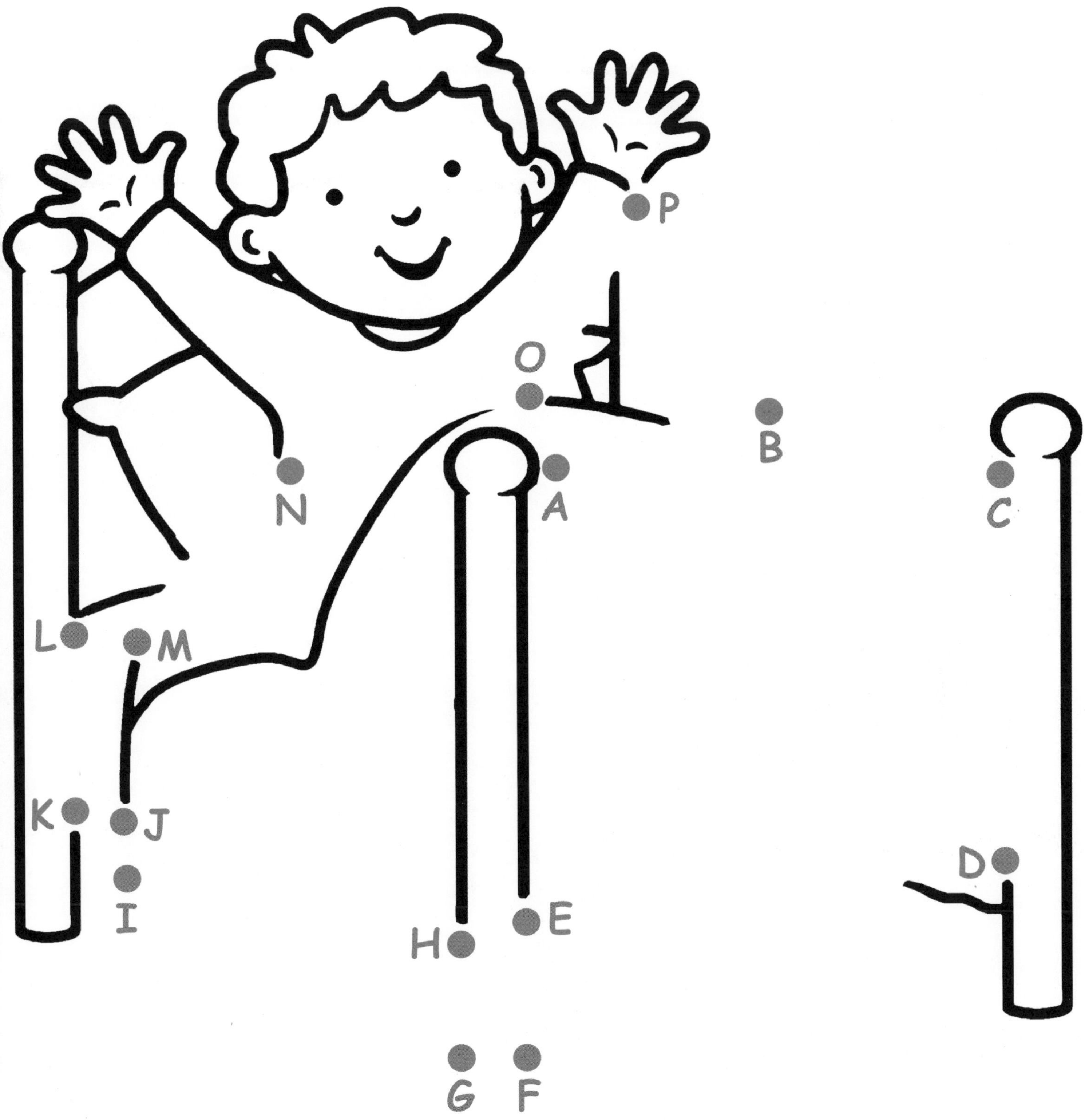

P
O
B
N
A
C
L
M
K
J
D
I
E
H
G
F

A
B
C
D
E
F
G
H
I
J
K
L
M
N
O
P
Q

A
B
C
D
E
F
G
H
I
J
K
L
M
N
O
P
Q

K
L
I
H
J
M
G
F
O
N
D
E
P
C
Q
B
A

A
B
C
D
E
F
G
H
I
J
K
L
M
N
O
P
Q
R

A
B
C
D
E
F
G
H
I
J
K
L
M
N
O
P
Q
R

A
B
C
D
E
F
G
H
I
J
K
L
M
N
O
P
Q
R

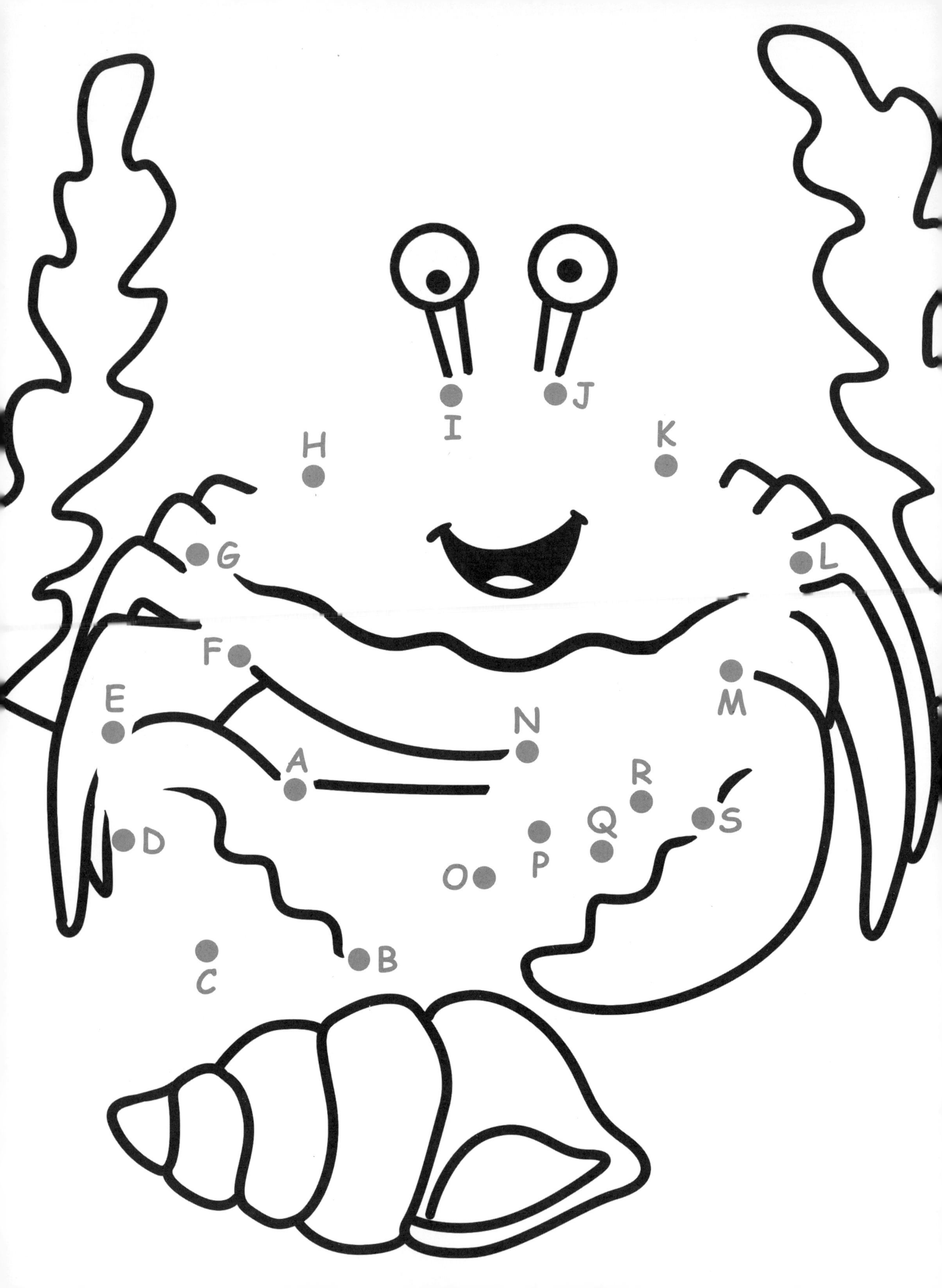
A
B
C
D
E
F
G
H
I
J
K
L
M
N
O
P
Q
R
S

C
F
E
G
D
B
H
A
I
J
K
L
M
N
S
R
O
Q
P

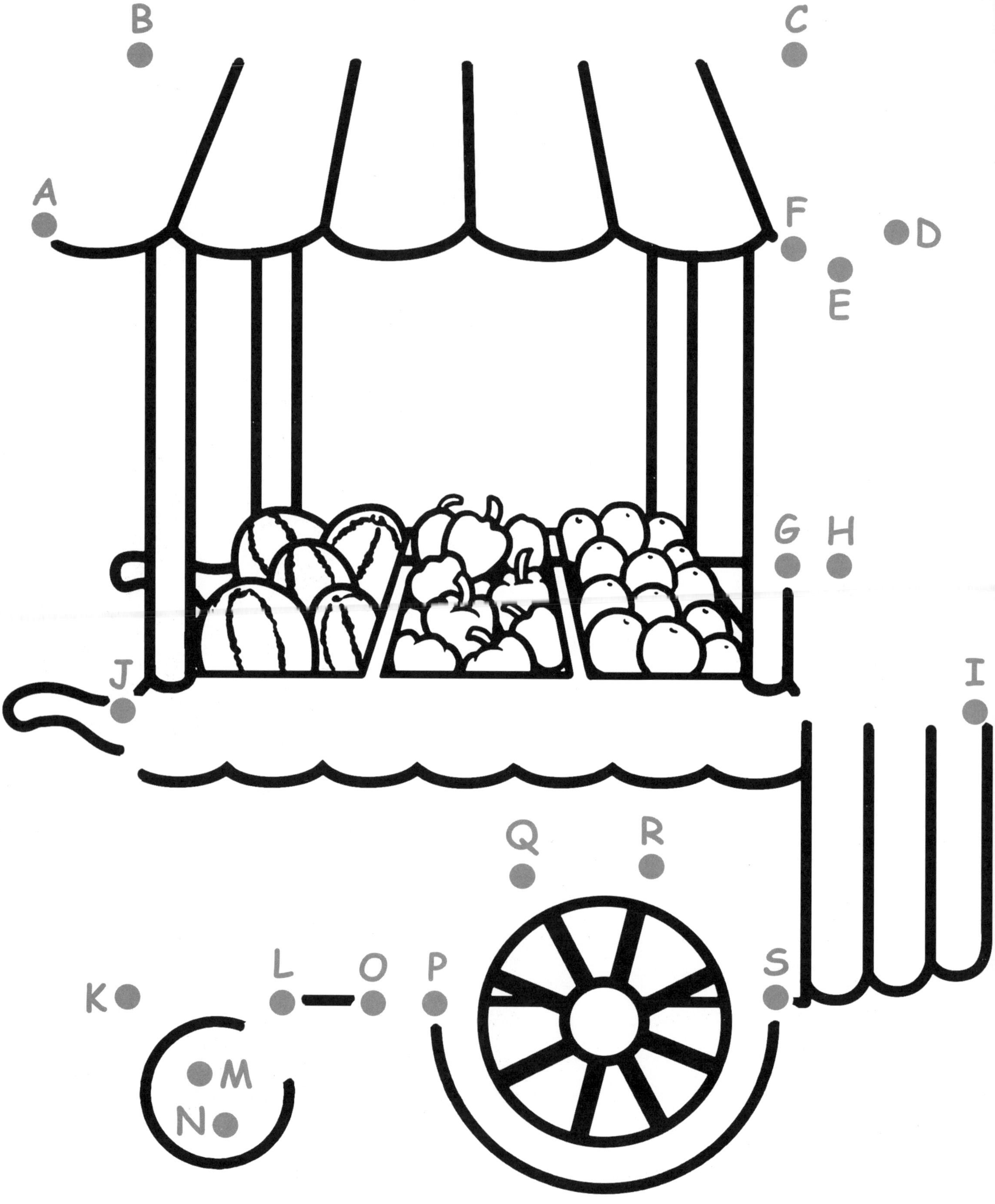
B
C
A
F
D
E
G
H
J
I
Q
R
L
O
P
S
K
M
N

A
B
C
D
E
F
G
H
I
J
K
L
M
N
O
P
Q
R
S
T

A
B
C
D
E
F
G
H
I
J
K
L
M
N
O
P
Q
R
S
T

A
B
C
D
E
F
G
H
I
J
K
L
M
N
O
P
Q
R
S
T
A

A
B
C
D
E
F
G
H
I
J
K
L
M
N
O
P
Q
R
S
T
U

A
B
C
D
E
F
G
H
I
J
K
L
M
N
O
P
Q
R
S
T
U

A
B
C
D
E
F
G
H
I
J
K
L
M
N
O
P
Q
R
S
T
U

A
B
C
D
E
F
G
H
I
J
K
L
M
N
O
P
Q
R
S
T
U
V

O
N
R
S
P
Q
G
J
M
H
I
T
K
L
F
U
V
E
D
C
B
A

P
Q
O
N
R
H
M
G
I
L
K
S
F
J
T
E
D
C
U
B
V
A

L
K
M
Q
P
R
S
T
U
V
W
C
D
0
N
G
H
B
A
E
F
I
J

A
B
C
D
E
F
G
H
I
J
K
L
M
N
O
P
Q
R
S
T
U
V
W

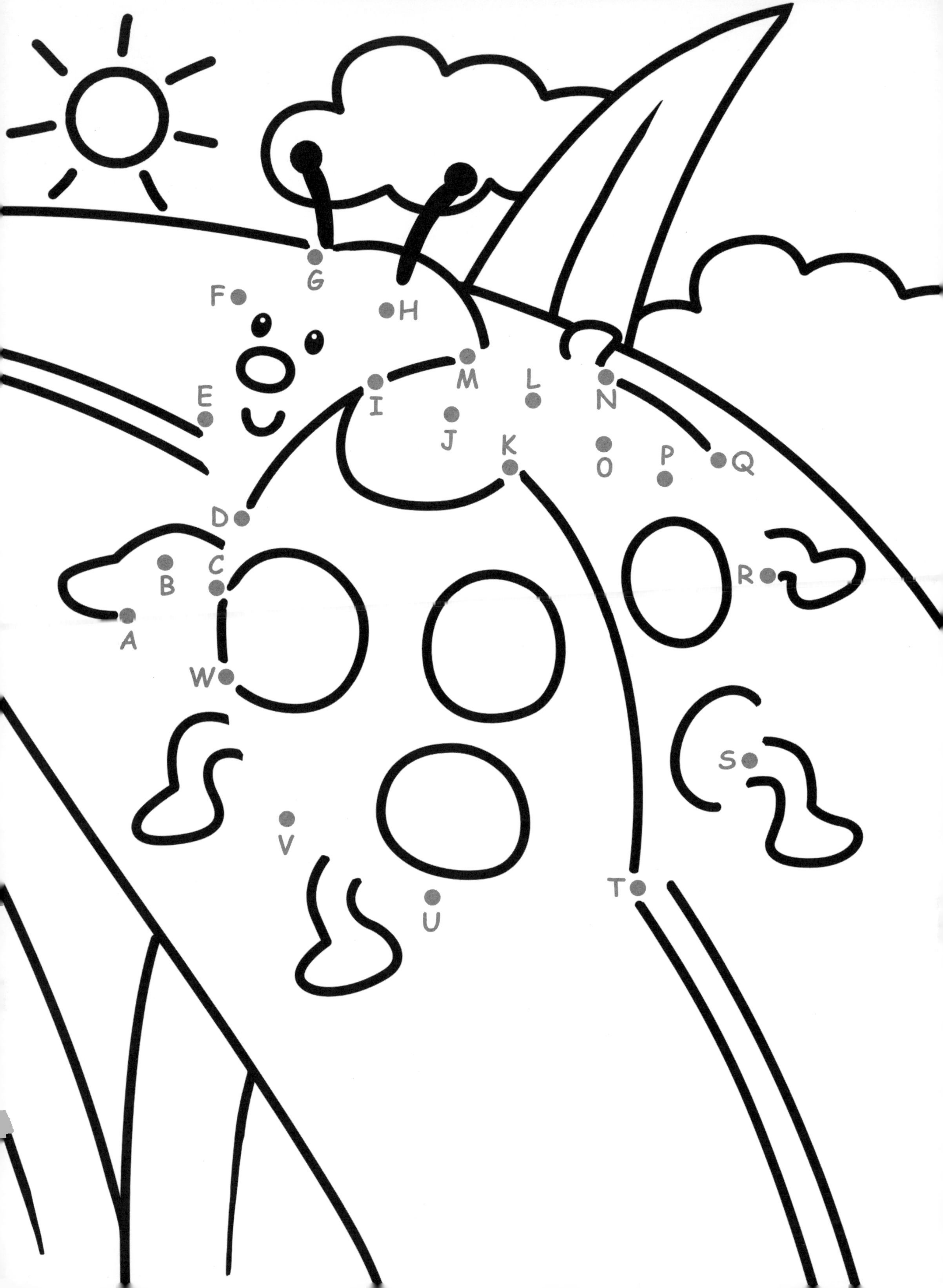
A
B
C
D
E
F
G
H
I
J
K
L
M
N
O
P
Q
R
S
T
U
V
W

A
B
C
D
E
F
G
H
I
J
K
L
M
N
O
P
Q
R
S
T
U
V
W
X

A
B
C
D
E
F
G
H
I
J
K
L
M
N
O
P
Q
R
S
T
U
V
W
X

A
B
C
D
E
F
G
H
I
J
K
L
M
N
O
P
Q
R
S
T
U
V
W
X

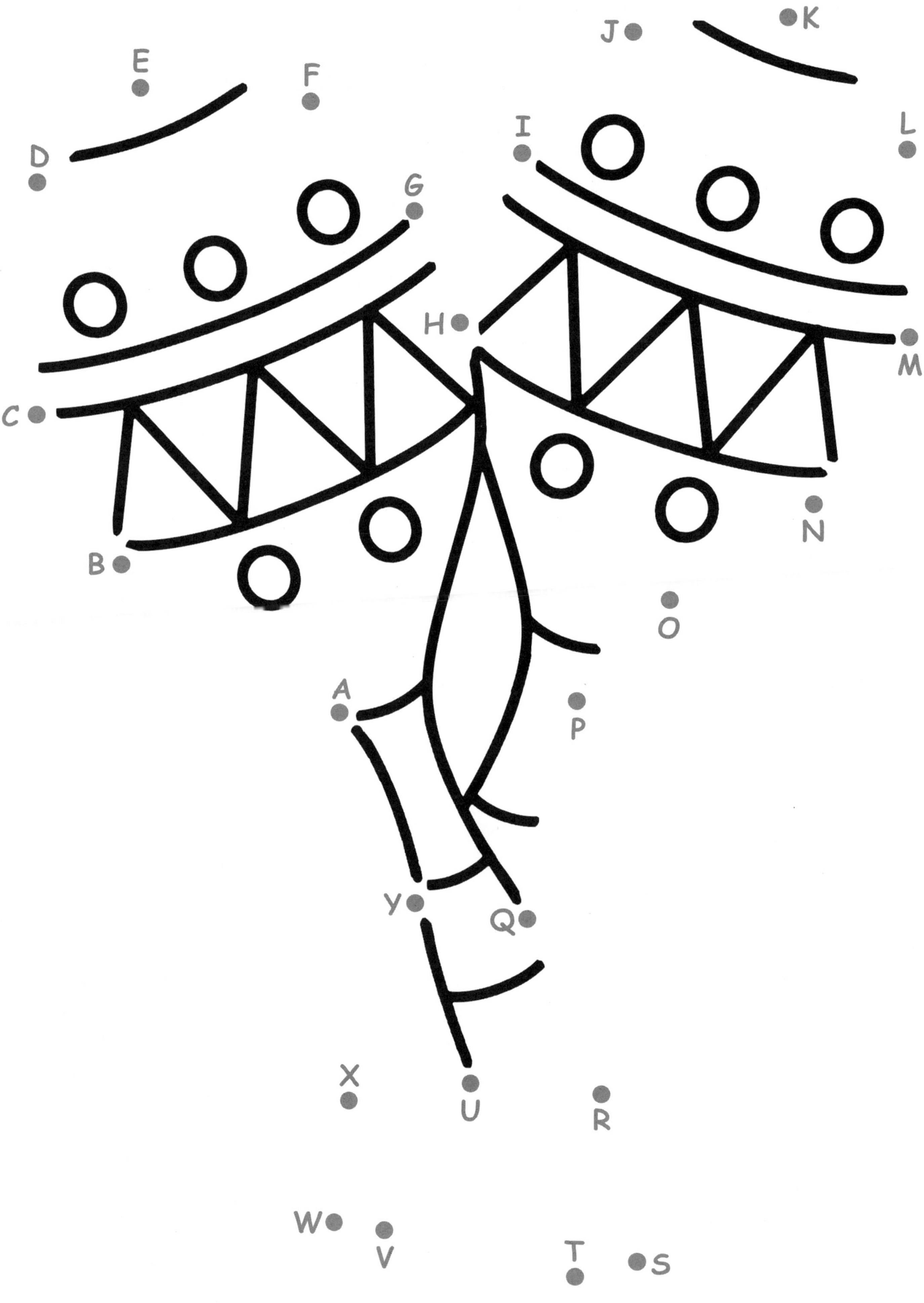
A
B
C
D
E
F
G
H
I
J
K
L
M
N
O
P
Q
R
S
T
U
V
W
X
Y

A
B
C
D
E
F
G
H
I
J
K
L
M
N
O
P
Q
R
S
T
U
V
W
X
Y

A
B
C
D
E
F
G
H
I
J
K
L
M
N
O
P
Q
R
S
T
U
V
W
X
Y

A
B
C
D
E
F
G
H
I
J
K
L
M
N
O
P
Q
R
S
T
U
V
W
X
Y
Z

D
E
C
F
G
B
J
H
I
A
Z
K
L
M
O
N
Y
X
R
Q
P
S
T
U
V
W

A
B
C
D
E
F
G
H
I
J
K
L
M
N
O
P
Q
R
S
T
U
V
W
X
Y
Z

A B C D E F G H I J K L M N O P Q R S T U V W X Y Z

A
B
C
D
E
F
G
H
I
J
K
L
M
N
O
P
Q
R
S
T
U
V
W
X
Y
Z

K
L
O
M
J
R
N
I
F
P
G
Q
S
E
D
H
C
T
U
B
X
W
V
A
Y
Z